QUELS HOMMES

IL FAUT

A L'ASSEMBLÉE CONSTITUANTE.

AUX ÉLECTEURS.

PARIS,

IMPRIMERIE DE A. LACOUR,

Rue St-Hyacinthe-St-Michel, 33.

1848

QUELS HOMMES

IL FAUT

A L'ASSEMBLÉE CONSTITUANTE.

AUX ÉLECTEURS.

Comme Charles X, Louis-Philippe est tombé écrasé sous le poids de ses parjures. La France en l'élevant sur le pavois avait cru assurer le triomphe de ses libertés. Elle s'est trompée, ou, pour mieux dire, il l'a trompée.

Un jour, au souvenir de ces parjures si souvent renouvelés, elle poussa un long cri d'indignation qui dut le faire pâlir sur son trône..... Quelques heures après, sa royauté n'était plus qu'un souvenir, et ces mots : « Plus de monarchie, » furent les derniers qui arrivèrent à ses oreilles en quittant notre sol.

Toute nécessaire que fut au développement de nos libertés la chute de Louis-Philippe, elle n'a pas moins apporté au sein de la société une perturbation profonde et mis en péril jusqu'à notre nationalité.

Toutes les existences en ont ressenti le contre-coup, toutes les industries en sont atteintes. Il faut tout refaire, tout réédifier depuis les institutions sur lesquelles doit être assise la base de notre régime démocratique, jusqu'aux plus simples éléments du bien-être de la famille.

C'est là une tâche immense qui exige un grand amour de la patrie, qui appelle le dévoûment de toutes les intelligences, l'action de tous les hommes éminents, le concours de tous les cœurs généreux.

Cette tâche, la France l'accomplira si tous les citoyens s'unissent dans un même sentiment d'intérêt et de patriotisme, et comprennent que notre salut est dans le prompt rétablissement de l'ordre si gravement compromis par l'absence d'institutions en harmonie avec la forme actuelle de notre gouvernement.

Le triomphe est là, mais là seulement ; dans une autre voie le péril naît à chaque pas, le désordre se met partout, l'anarchie se montre menaçante et la dernière de nos libertés périt étouffée sous les étreintes de l'esprit de réaction.

Ces périls, l'Assemblée nationale que la France va élire les conjurera ; c'est en ses mains que reposera le salut de nos libertés, c'est de ses délibérations que sortiront l'ordre, la paix, le bonheur du pays, c'est à elle enfin qu'il appartiendra de lui redonner son ancienne splendeur, sa richesse industrielle et le rang glorieux qu'il a eu à une autre époque parmi les nations civilisées.

Mais pour obtenir ce résultat si désirable, si impatiemment attendu, il ne faut envoyer à la députation que des hommes d'un patriotisme éprouvé et d'une probité sans tache : plus les circonstances sont difficiles, plus on devra apporter de maturité dans les choix ; car de l'urne du 23 avril doit sortir la paix et avec elle la confiance, le travail, le bien-être de tous, ou l'anarchie avec son lugubre cortége de désordres, de réactions, de misères publiques.

Il sera difficile, il est vrai, au milieu des graves préoccupations qui dominent les esprits de faire des choix avec discernement. Il faudra surtout se mettre en garde contre les idées envahissantes des démagogues, ces ennemis éternels de la paix publique, écarter avec soin ces hommes avides qui ne verront dans la députation qu'un moyen d'arriver aux emplois publics, repousser énergiquement tous ceux dont le passé est entaché de blâme, d'actes d'improbité, de parjures politiques, et qui ne donneraient à leurs concitoyens aucune garantie de moralité ; car la moralité sous un gouvernement démocratique surtout est la première condition qu'on doive exiger des membres de l'Assemblée constituante.

Mais avec le mode d'élection adopté, pourra-t-on éviter que des noms sans valeur et sans consistance se disputent les suffrages ? L'électeur d'une commune rurale, par exemple, aura-t-il sous sa main pour satisfaire aux exigences de la liste, douze ou quinze citoyens honorables connus de lui qu'il puisse porter à la députation ?

C'est là, il faut l'avouer, un assez grave inconvénient, et il est à craindre que les ennemis de l'ordre public qui ont le privilége d'être infatigables dans la poursuite de leurs mauvais desseins, ne préconisent des hommes dangereux qu'ils imposeraient ainsi à la crédulité des électeurs.

Dans les temps ordinaires, cet inconvénient serait moins grand ; mais aujourd'hui qu'il s'agit de reconstituer l'état social et politique de la France, de fonder des institutions qui lui garantissent les libertés pour la conquête desquelles elle a renversé trois dynasties, les électeurs ne sauraient être trop renseignés sur les citoyens auxquels ils doivent donner leurs suffrages.

Ne balançons pas un moment dans l'expression de notre opinion, qui d'ailleurs est celle de l'immense majorité des citoyens, ce qu'il faut à la représentation nationale ce sont des hommes fermes et courageux qui ne reculent devant ancun obstacle quand il s'agira du bien public, qui aient l'habitude des affaires, l'expérience des années, l'autorité d'un nom acquis dans la pratique des vertus publiques et privées ; et si au choix des électeurs deux citoyens se présentent, l'un avec ces vertus, l'autre avec du talent seulement, ils ne devront pas balancer à donner leurs suffrages au premier à quelque condition qu'il appartienne ; parce que les bonnes lois ne se font pas avec de l'esprit, mais avec de la probité.

La corruption mise en pratique sur une si grande échelle

par la dynastie déchue a, il est vrai, ébranlé bien des consciences et fait fléchir bien des scrupules ; mais il y a encore beaucoup de citoyens dans le cœur desquels elle n'est pas descendue : c'est parmi eux qu'il faut aller chercher les représentants de la nation, c'est à eux qu'il faut confier le salut de la République, le soin de sa gloire, ses intérêts matériels et la direction à imprimer au mouvement social déplacé de son centre d'attraction par la commotion politique du 24 février.

Il n'est guère aujourd'hui de localités en France où les lumières n'aient plus ou moins pénétré, et avec elles un sens droit et infaillible ; néanmoins le prestige de la parole, quand elle est éloquente et animée, peut égarer les jugements les plus sûrs, surtout dans les natures franches et candides.

Que les électeurs se prémunissent donc contre ce genre de séduction, et qu'au moment de déposer leur vote dans l'urne ils n'aient d'autres préoccupations que celles de l'intérêt du pays, et ne soient accessibles qu'à la voix de leur conscience ; et si un candidat à la voix éclatante et au geste dramatique assure que personne plus que lui n'est épris de l'amour du bien public, qu'ils en cherchent ailleurs un autre ; car il n'y a que ceux dont le patriotisme est un mensonge qui en parlent avec tant d'emphase.

Il faut s'y attendre, les esprits ardents et fougueux, ceux enfin qui veulent faire du régime démocratique un instrument de trouble et d'agitation au service de leurs mauvaises passions, chercheront à s'emparer exclusivement des voies qui conduisent à la députation. Pour échapper au danger qui menacerait la France, si ces hommes dangereux étaient en majorité à l'Assemblée constituante, il faut que les citoyens bien pensant s'unissent étroitement dans le sentiment d'une même volonté et étouffent sous leurs votes compactes et nombreux les votes impies de leurs partisans.

Il y a des gens qui disent avec toute l'apparence d'une conviction acquise, que, pour la représentation nationale, il nous faut des hommes nouveaux et éminemment *révolutionnaires.*

Jamais, au contraire, les hommes pratiques qui ont vieilli dans les affaires qui se sont inspirés des besoins du présent au contact des hommes et des choses du passé, ne sont devenus plus nécessaires, et jamais non plus ceux qui ont des tendances réactionnaires ne doivent être plus soigneusement écartés de la députation.

L'esprit révolutionnaire est du patriotisme quand il tend à renverser un gouvernement qui viole le plus saint des droits de la nation, son indépendance; mais il devient un crime si, après la conquête des libertés qu'on lui déniait, il se jette à travers les efforts communs tendant à la consolidation de la paix.

Aujourd'hui que la France a conquis tous ses droits et obtenu toutes les garanties de liberté et d'indépendance que comporte notre régime démocratique, l'esprit révolutionnaire ne saurait se comprendre que parmi les ennemis de la République. Ainsi porter à la députation des hommes révolutionnaires, ou, en d'autres termes, des hommes dont l'élément est le désordre, la destruction, le renversement de tout ce qui porte l'empreinte de la sagesse et du temps, ce serait compromettre le salut de la France et environner d'abîmes chaque pas qu'elle ferait vers la consolidation de ses libertés.

Les tendances de l'esprit révolutionnaire, c'est de détruire ce qui existe sans examiner si on peut le remplacer par quelque chose de mieux, ou si seulement on peut le remplacer.

Là commencent le désordre, la confusion, les déchirements intérieurs. Un pas plus loin apparaît la dictature, c'est-à-dire le mépris des lois, la violation du droit des gens, la force numérique substituée à la légalité.

Aux limites de la dictature, l'anarchie, cette première heure d'agonie des nations convulsionnées par la fièvre révolutionnaire, se montre l'œil enflammé, la menace à la bouche et agitant ses torches incendiaires. Au-delà le terrorisme surgit, menaçant et impitoyable, comme il le fut en 93, nivelant toutes les existences, violant le droit de propriété, portant le sacrilége et la profanation partout au gynécée de la famille comme dans le sanctuaire des lieux saints.

Dira-t-on qu'avec notre civilisation si avancée et le sens si droit des masses, la réalisation d'un pareil état de choses est impossible? Oui, si on laisse le peuple à ses instincts d'ordre et de paix, si on ne fausse pas son patriotisme à l'aide de ces monstrueuses utopies dont le programme couvre tous les murs, si on n'égare pas son jugement par les doctrines subversives et anti-nationales professées avec

tant d'audace dans certains clubs et dans quelques jour-
naux anarchiques ; mais n'est-il pas à craindre qu'égaré
par leurs sophismes révolutionnaires, il ne les suive jus-
que dans la pratique de leurs dangereuses théories.

L'exemple du passé est là plus éloquent que tous les rai-
sonnements possibles. Le patriotisme de 89 n'était ni moins
pur ni moins chaud que celui de 1848 ; la nation, alors
comme aujourd'hui, voulait des libertés franches, progres-
sives, mais exemptes de désordre et d'anarchie ; et cepen-
dant des excès inouïs ont eu lieu, des crimes odieux ont été
commis, un terrorisme redoutable a pesé longtemps sur la
France opprimée.

Et pourquoi tant d'excès se sont-ils produits alors ? Parce
qu'au sein de ce peuple intelligent et ami de l'ordre qui ne
voulait que le triomphe de la liberté, il s'est trouvé des
hommes corrompus qui, nouveaux Erostrates, ne pouvant
marquer par des vertus et des talents qu'ils n'avaient pas,
ont voulu se distinguer par des crimes.

De ces hommes, tous les siècles en produisent ; ce qui se
passe dans certains clubs, ce qui s'écrit dans certaines
feuilles, dont les doctrines tendent à ressuciter un parti qui,
à une autre époque, a terrorifié la France, ne fait-il pas
craindre qu'il s'en trouve aussi dans le nôtre ? Ne reculons
pas devant la vérité ; oui, il en existe, en petit nombre, il
est vrai ; mais comme ils sont audacieux et infatigables,
ils peuvent entraîner les esprits timides et irrésolus.

Ce retour vers les égarements d'un passé qui, à cause de
cela, a tant perdu de sa gloire, n'est impossible qu'à la
condition que l'Assemblée constituante sera composée

d'hommes graves, modérés et inaccessibles à ces idées désorganisatrices qui, en 93, ont amené tant de malheurs sur la France.

Il est pénible de le dire, mais la pression violente exercée par quelques hommes égarés ou mus par de criminelles intentions comprime le patriotisme des hommes de bien et tend à paralyser les efforts faits de toute part pour la réalisation de ce résultat si désirable.

En effet, on rencontre dans les assemblées populaires des gens qui frappent d'ostracisme tous les citoyens dont le républicanisme ne leur paraît pas assez fougueux, et les idées assez révolutionnaires; et si on ose exprimer des sentiments dont la consécration soit le rétablissement de l'ordre par l'ordre, des voix menaçantes crient sur vous de toute part.

Il en est d'autres qui osent poser comme principe que tout candidat qui veut l'établissement du régime démocratique sans faire passer la société par une épuration générale est un mauvais citoyen indigne de la députation ; puis, pour venir en aide à ces prétentions étranges qui révèlent des pensées profondes d'anarchie, ils établissent ces distinctions menteuses d'hommes de la veille, du jour et du lendemain.

Pour l'honneur de la nation, il ne faut pas laisser subsister des distinctions qui la diviseraient en catégories, et briseraient ainsi les liens de fraternité qui doivent unir entre eux tous les citoyens.

Ainsi, pas de républicains de la veille, du jour ni du

lendemain, mais des républicains sans date, confondant leurs diverses origines pour n'avoir qu'une origine commune, des républicains unis dans un même patriotisme, tendant au même but, voulant une même chose, la paix, l'ordre, le travail, le respect des lois et le développement progressif de l'industrie et de la richesse nationale.

Ces pensées d'union, de vues communes que dans notre patriotisme nous avons caressées avec amour, nous ont fait un moment oublier notre mission, celle de guider les électeurs dans leurs choix : nous ne saurions trop souvent le répéter ici, pour le salut de la France, de ses institutions, de sa nationalité, écartons de la députation tous les hommes qui ne sont connus que par l'exaltation de leurs principes, qui n'ont mis leur nom qu'à des programmes anarchiques, qui ne se sont fait remarquer dans les clubs que par l'excentricité de leurs opinions politiques ; car ils ne sauraient rester dans les limites où les intérêts de la nation doivent être concentrés, et une fois qu'ils en seraient sortis, les événements que leurs mains inhabiles ne sauraient maîtriser, les entraîneraient dans la voie des réactions et entraîneraient avec eux la France comme elle le fut, à une autre époque, par leurs devanciers de si déplorable mémoire.

Si, pour l'Assemblée Constituante, nous ne voulons pas de *Montagnards* par appréhension des périls auxquels ils ont exposé le pays en 93, nous ne voulons pas davantage de ces hommes lâches et corrompus qui ont prêté leur appui à la dynastie sacrilége que nous venons de renverser; car avec les uns comme avec les autres nous irions tôt ou tard nous engloutir dans l'abîme des révolutions; sous les premiers, en passant par l'anarchie; sous les autres, par l'absolutisme.

Si la France républicaine de 1848 a besoin, pour le choix de ses représentants, de s'aider des souvenirs de l'histoire, elle trouvera des modèles dignes de sa confiance dans les *Girondins,* ces citoyens courageux qui ont joué leur tête pour arracher le pays à l'anarchie et aux horreurs du terrorisme ; de ces hommes qu'un écrivain célèbre vient naguère d'immortaliser dans un livre immortel, la France en compte par milliers qui, comme leurs héroïques aînés, sont prêts à sacrifier leur vie pour le salut de la nation.

C'est au sein de ces patriotes dévoués que nous devons aller chercher les membres de l'Assemblée nationale, c'est aux hommes sages qui veulent des institutions protectrices des intérêts de tous, un gouvernement populaire qui résiste courageusement aux tentatives criminelles des démagogues, des libertés larges, franches, sans restrictions comme sans arrière-pensées, mais qui s'arrêtent là où elles pourraient tourner contre le salut de la République; c'est à ces hommes qu'il faut confier la défense de nos intérêts à l'Assemblée constituante, parce qu'eux seuls peuvent nous sauver de l'anarchie dont le germe est déjà dans certaine partie de la population.

Plus heureux que leurs immortels devanciers, parce qu'aussi ils auront été plus persévérants dans la poursuite de leurs desseins, les Girondins de 1848 sauveront le pays et jouiront du fruit de leur œuvre patriotique, et maîtrisant alors par leur fermeté les idées réactionnaires qui fomentent autour de nous, ils redonneront la paix au monde, à la France sa grandeur primitive, à ses institutions la confiance de tous, et à la richesse nationale le développement qu'elle eut dans nos jours de gloire et de prospérité.

La République, qui a fait des Spartiates et des Romains les peuples les plus héroïques de l'antiquité, fera aussi des Français le plus grand peuple moderne ; pour cela, elle nous attend à l'œuvre de notre régénération politique : faisons que nos premiers pas dans la voie démocratique soient marqués par la sagesse de nos choix dans les élections des membres de l'Assemblée constituante; prouvons aux gouvernements monarchiques qui sont encore debout et qui ont les yeux ouverts sur nous que la souveraine puissance est aussi et plus sûrement placée entre les mains du peuple qu'entre celles des rois ; apprenons à l'Europe, au monde entier que si la République de 93 n'a pu rester debout, ce n'est pas, comme l'ont avancé des hommes rétrogrades, parce que la France n'est pas un climat propre au développement des idées démocratiques, mais parce qu'alors l'esprit du pays n'était pas encore assez malléable pour en recevoir l'empreinte.

La République de 1848 fera mentir ces faux prophètes ; elle leur prouvera qu'elle peut s'acclimater sur notre sol, s'allier à nos mœurs et à nos institutions sociales, attirer à elle toutes les sympathies de la France et lui donner une somme de bonheur et de liberté qu'aucun gouvernement monarchique n'a pu lui procurer.

Avant de terminer, nous voulons donner un dernier avertissement aux électeurs : les anarchistes, ces hommes infatigables dans la poursuite de leurs mauvais desseins, ne manqueront pas d'user d'intimidation et de menace pour obtenir des votes favorables à ceux qu'ils patronisent ; mais là ne se bornera pas l'emploi des moyens auxquels ils auront recours pour faire triompher leur cause impie; au jour suprême du scrutin, pas un d'eux ne manquera, pas un ne fera défaut, ils seront tous là compactes et serrés comme des dards réunis en un faisceau.

Les hommes de bien auraient-ils moins de patriotisme qu'eux d'audace? Seraient-ils moins exacts dans l'accomplissement de ce grand acte de civisme, eux qui ont un si puissant intérêt à ne leur pas abandonner la victoire?

Que le 23 avril, notre rendez-vous à tous, à tous sans exception, soit dans la salle des opérations électorales ; il faut que notre présence décourage les anarchistes et les avertisse que nous veillons au salut de nos libertés, il faut qu'ils nous comptent afin de s'assurer de leur impuissance et de notre résolution de les combattre jusqu'au dernier moment; il faut que ce jour-là nous ne soyons plus à la famille, aux affections de la paternité, aux intérêts personnels pour être tout entier à la patrie; il faut enfin que pas un de nous ne repasse son seuil sans avoir contribué, par son vote, à renverser jusqu'à la dernière espérance des ennemis du pays, et qu'en revoyant nos femmes et nos enfants

nous puissions leur dire, dans l'effusion de notre joie : « Ne
« pleurez plus, en sauvant la France de l'anarchie où on
« voulait l'entraîner, nous vous avons sauvés de la misère
« qui vous menaçait dans l'avenir. »

Salut et gloire à la République, ce symbole des grandes
vertus civiques, objet de la vénération de la France! Honneur aux citoyens courageux qui ont guidé avec tant de
sagesse ses premiers pas parmi nous et qui, bravant les périls qui les environnent, se sont placés à la tête des affaires
du pays pour combattre l'anarchie qui se faisait jour de
toute part! Honneur mille fois pour la fermeté qu'ils ont
montrée, qu'ils montrent chaque jour encore en présence
de certaines prétentions qui tendent plus ou moins à mé-
connaître la puissance de nos lois, cette arche sainte
à laquelle on ne saurait porter une main sacrilége sans
ébranler tout notre édifice social! C'est d'eux surtout qu'on
pourra dire un jour avec raison : « A ces grands citoyens
« la patrie reconnaissante. »

Ch. NARDIN.

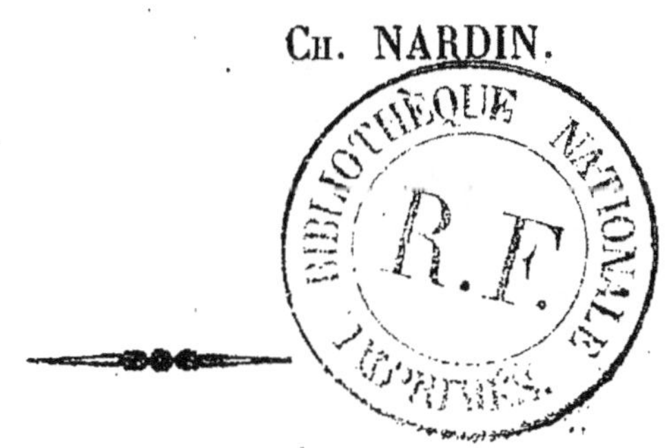